# 엄청 쉽고 무지 재미있는
# 일본어 글자쓰기

## 日本語 펜맨쉽

기획편집부편

어학전문출판

제이플러스

이 책은 「엄청 쉽고 무지 재미있는 일본어 첫걸음」(박유자 지음)中 일부인 히라가나와 가타카나 부분을 발췌하여, 연습문제와 쓰는 방법, 응용문제 등을 더하여 만든 것입니다.

차 례

# 일본어의 문자

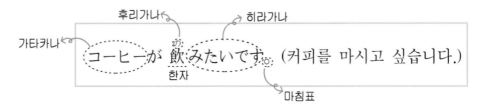

일본어 글자는 위에서 보듯이 「히라가나(ひらがな)·가타카나(カタカナ)·한자」로 이루어져 있다. 여기서 히라가나와 가타카나를 아울러 '가나(かな)'라고 하고, 이 '가나'를 다섯 글자씩 열개의 행으로 배열한 것을 '오십음도(五十音図 :ごじゅうおんず)'라고 한다. 옆의 오십음도에서 가로 줄을 '行(ぎょう)', 세로 줄을 '段(だん)이라고 부르므로, 'あ行'이라고 하면 「あ·い·う·え·お」를, 'あ段'이라고 하면 「あ·か·さ·た·な·は·ま·や·ら·わ」를 가리킨다. 글자를 외울 때는 발음과 획수와 더불어 순서도 익혀 두는 것이 좋다.

▷ **히라가나 … ひらがな(平仮名)**

9세기경 일본 궁중 궁녀들이 한자의 흘림체를 본따서 만든 글자로, 일본어에서 가장 기본이 되는 문자이다.

▷ **가타카나 … カタカナ(片仮名)**

히라가나(ひらがな)와 거의 같은 시기에 귀족 남성들이 쓰기 시작한 글자로, 발음은 히라가나(ひらがな)와 같다. 주로 외래어나 의성어·의태어, 또는 특별히 강조하고 싶을 때 쓴다. 일본에서도 외래어를 많이 쓰기 때문에 간판이나 상품 카탈로그, 제품명 등에 특히 많이 쓰인다.

▷ **한자 (漢字)**

일본에서도 한자를 사용하는데, 우리나라와 같은 한자를 쓰기도 하지만 대부분 간략하게 만든 약자를 쓰는 경우가 많다. 한자 읽는 방법은 음독(音読 :おんどく)과 훈독(訓読 :くんどく)이 있고, 그 읽는 법도 한 가지만 있는 것이 아니라 여러 개씩 있는 경우가 많다.

# 오십음도(五十音図)

| | 히라가나(ひらがな) | | | | | 가타카나(カタカナ) | | | | |
|---|---|---|---|---|---|---|---|---|---|---|
| | あ단 | い단 | う단 | え단 | お단 | ア단 | イ단 | ウ단 | エ단 | オ단 |
| あ행 | あ<br>a | い<br>i | う<br>u | え<br>e | お<br>o | ア<br>a | イ<br>i | ウ<br>u | エ<br>e | オ<br>o |
| か행 | か<br>ka | き<br>ki | く<br>ku | け<br>ke | こ<br>ko | カ<br>ka | キ<br>ki | ク<br>ku | ケ<br>ke | コ<br>ko |
| さ행 | さ<br>sa | し<br>si | す<br>su | せ<br>se | そ<br>so | サ<br>sa | シ<br>si | ス<br>su | セ<br>se | ソ<br>so |
| た행 | た<br>ta | ち<br>chi | つ<br>tsu | て<br>te | と<br>to | タ<br>ta | チ<br>chi | ツ<br>tsu | テ<br>te | ト<br>to |
| な행 | な<br>na | に<br>ni | ぬ<br>nu | ね<br>ne | の<br>no | ナ<br>na | ニ<br>ni | ヌ<br>nu | ネ<br>ne | ノ<br>no |
| は행 | は<br>ha | ひ<br>hi | ふ<br>hu | へ<br>he | ほ<br>ho | ハ<br>ha | ヒ<br>hi | フ<br>hu | ヘ<br>he | ホ<br>ho |
| ま행 | ま<br>ma | み<br>mi | む<br>mu | め<br>me | も<br>mo | マ<br>ma | ミ<br>mi | ム<br>mu | メ<br>me | モ<br>mo |
| や행 | や<br>ya | い<br>i | ゆ<br>yu | え<br>e | よ<br>yo | ヤ<br>ya | イ<br>i | ユ<br>yu | エ<br>e | ヨ<br>yo |
| ら행 | ら<br>ra | り<br>ri | る<br>ru | れ<br>re | ろ<br>ro | ラ<br>ra | リ<br>ri | ル<br>ru | レ<br>re | ロ<br>ro |
| わ행 | わ<br>wa | い<br>i | う<br>u | え<br>e | を<br>o | ワ<br>wa | イ<br>i | ウ<br>u | エ<br>e | ヲ<br>o |
| | ん<br>n | | | | | ン<br>n | | | | |

※ 컴퓨터 자판 입력시 위 영문으로 표기하면 된다. 단, 「を」는 「wo」로 「ん」은 「nn」으로 입력하기도 한다.

# 일본어 글자 익히는 요령

1. 일단 히라가나를 완전히 다 외우도록 한다.

2. 청음(清音)을 익히고 나서 탁음, 촉음, 요음, 장음, 「ん」 발음을 연습하고 그 다음 가타카나를 외운다.

3. 히라가나는 가타카나와 발음은 같고 글자만 다른 것이므로 쓰는법 위주로 익히면 된다.

4. 일본어 글자를 하루만에 다 외웠다는 사람은 없으므로 일주일 정도 집중해서 연습하는 것이 요령이다. 처음엔 도무지 그림 같던 글씨가 하나씩 하나씩 눈에 들어오는 기적을 꼭 실현해 보시길….

# 제 1 부

# ひらがな 편

- · 글자쓰기 연습
- · 확인학습
- · 응용문제

# 히라가나

☆ あいうえお…かきくけこ의 순으로 읽어보자. (연습은 10쪽부터)

| あ [아] | か [카] | さ [사] | た [타] | な [나] |
|---|---|---|---|---|
| あり 개미 | かばん 가방 | さかな 생선 | たい 도미 | なし 배 |
| い [이] | き [키] | し [시] | ち [치] | に [니] |
| いす 의자 | きん 금 | しんごう 신호등 | ちず 지도 | にほん 일본 |
| う [우] | く [쿠] | す [스] | つ [츠] | ぬ [누] |
| うさぎ 토끼 | くつ 구두 | すいえい 수영 | つくえ 책상 | ぬの 천 |
| え [에] | け [케] | せ [세] | て [테] | ね [네] |
| え 그림 | けしゴム 지우개 | せんせい 선생님 | て 손 | ねこ 고양이 |
| お [오] | こ [코] | そ [소] | と [토] | の [노] |
| おに 도깨비 | こども 어린이 | そら 하늘 | とけい 시계 | のり 김 |

| は [하] | ま [마] | や [야] | ら [라] | わ [와] |
|---|---|---|---|---|
| はさみ 가위 | まど 창문 | やま 산 | さくら 벚꽃 | わに 악어 |
| ひ [히] | み [미] | (い) | り [리] | (い) |
| ひも 끈 | みみ 귀 | | りんご 사과 | |
| ふ [후] | む [무] | ゆ [유] | る [루] | (う) |
| ふでばこ 필통 | むし 벌레 | ゆきだるま 눈사람 | さる 원숭이 | |
| へ [헤] | め [메] | (え) | れ [레] | を [오] |
| へそ 배꼽 | め 눈 | | れっしゃ 열차 | 밥을 먹다 ごはんをたべる |
| ほ [호] | も [모] | よ [요] | ろ [로] | ん [응] |
| ほうき 빗자루 | ものさし 자 | よる 밤 | ろうか 복도 | みかん 귤 |

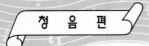

# あ행 글자 쓰기 연습

「あいうえお」 우리말의 「아이우에오」와 발음이 같다.

ひらがな

청음편

# 力행 글자 쓰기 연습

「かきくけこ」「카키쿠케코」와 「까끼꾸께꼬」의 중간 발음이다.

| 그림 | 쓰기 순서 | 연습 |
|------|-----------|------|
| かばん 가방 | か 카 | か か か |
| きん 금 | き 키 | き き き |
| くつ 구두 | く 쿠 | く く く |
| けしゴム 지우개 | け 케 | け け け |
| こども 어린이 | こ 코 | こ こ こ |

# さ행 글자 쓰기 연습

「さしすせそ」우리말의 「사시스세소」로 발음한다. 「す」를 「수」로 발음하지 않도록 주의하자!

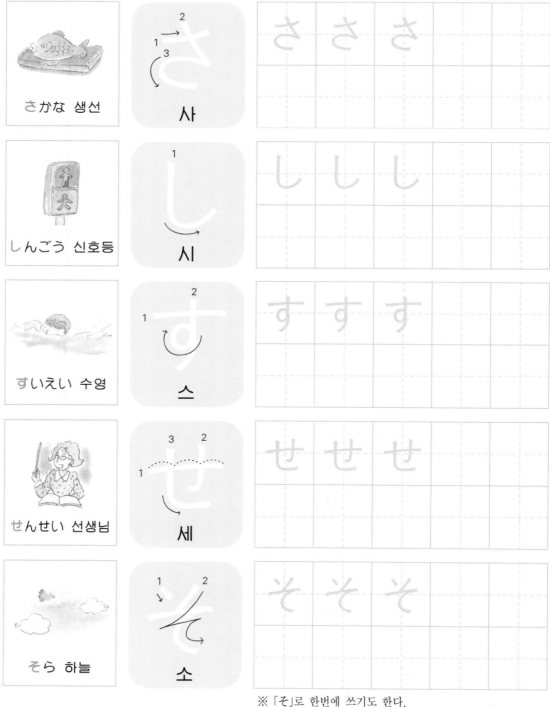

さかな 생선 / さ 사 / さ さ さ

しんごう 신호등 / し 시 / し し し

すいえい 수영 / す 스 / す す す

せんせい 선생님 / せ 세 / せ せ せ

そら 하늘 / そ 소 / そ そ そ

※ 「そ」로 한번에 쓰기도 한다.

12

이렇게 쓰면 안돼요!

う
우
( ○ )

ラ
( × )

▶ 가타가나의 「ラ(라)」 처럼 보입니다.

か
카
( ○ )

カ
( × )

▶ 이건 힘 력(力)자입니다.

せ
세
( ○ )

セ
( × )

▶ 히라가나는 「せ」이고 가 타가나는 「セ」입니다.

확
인

문1 다음 빈칸에 들어갈 글자를 써 넣으세요.

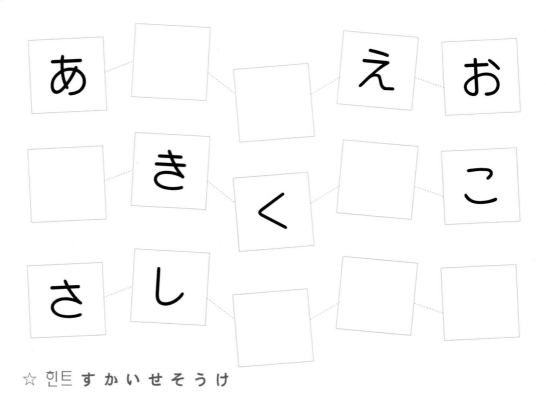

☆ 힌트 **す か い せ そ う け**

문2 다음 빈칸에 들어갈 글자를 써 넣으세요.

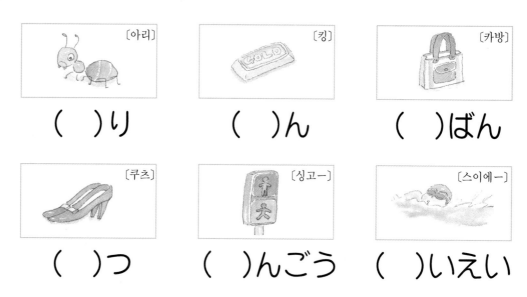

〔아리〕     〔킹〕     〔카방〕

( )り     ( )ん     ( )ばん

〔쿠츠〕     〔싱고ー〕     〔스이에ー〕

( )つ     ( )んごう     ( )いえい

확인

문3  다음 글자를 큰 소리로 읽어보세요.

① あ お い ........ 파랗다

② き く ........ 국화

③ か さ ........ 우산

④ お す し ........ 초밥

⑤ お さ け ........ 술, 정종

⑥ あ か い ........ 빨갛다

⑦ い す ........ 의자

15

## た행 글자 쓰기 연습 「たちつてと」「つ」는 「츠」와 「쓰」의 중간발음이다.

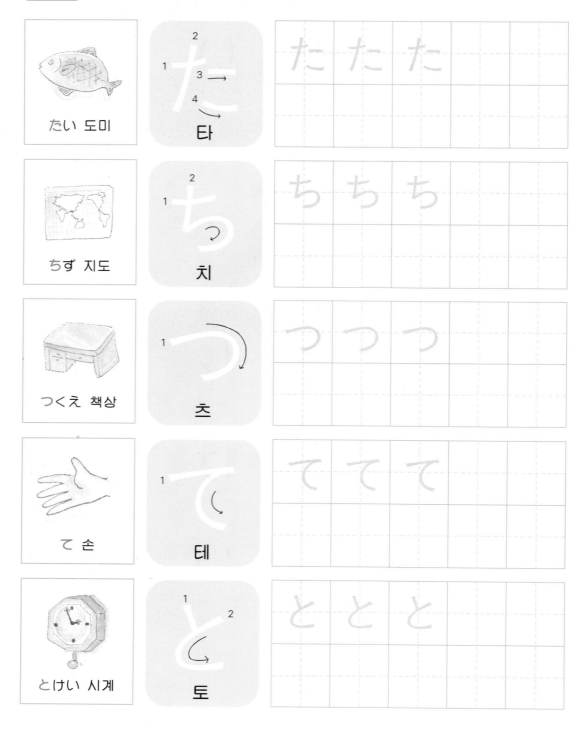

| | | |
|---|---|---|
| たい 도미 | た 타 | た た た |
| ちず 지도 | ち 치 | ち ち ち |
| つくえ 책상 | つ 츠 | つ つ つ |
| て 손 | て 테 | て て て |
| とけい 시계 | と 토 | と と と |

## な행 글자 쓰기 연습 「なにぬねの」「나니누네노」와 발음이 같다.

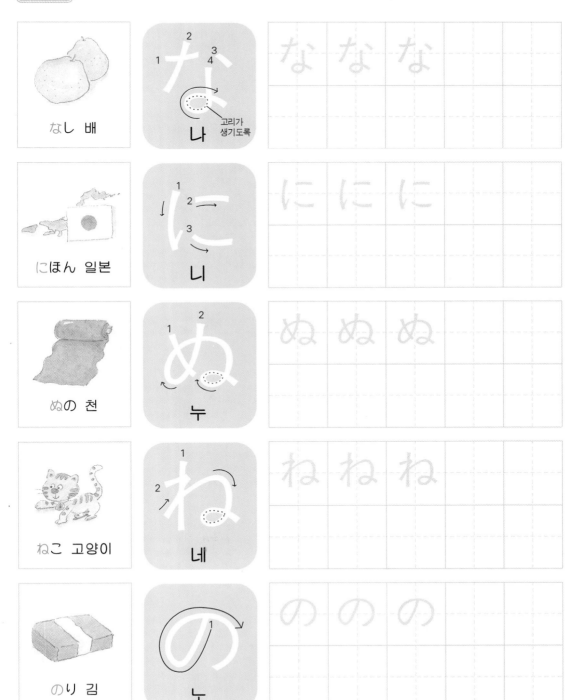

なし 배

な な な

---

にほん 일본

に に に

---

ぬの 천

ぬ ぬ ぬ

---

ねこ 고양이

ね ね ね

---

のり 김

の の の

## は행 글자 쓰기 연습 「はひふへほ」 우리말의 「하히후헤호」와 발음이 같다.

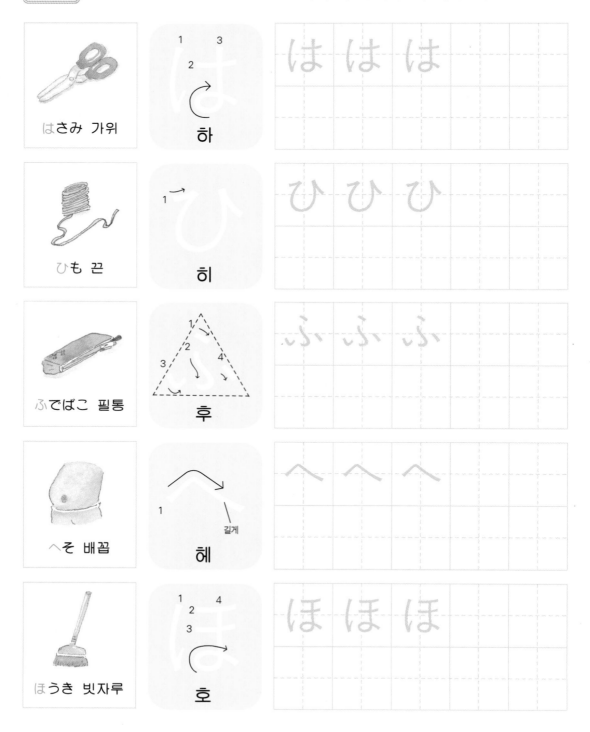

はさみ 가위 — は 하 — は は は

ひも 끈 — ひ 히 — ひ ひ ひ

ふでばこ 필통 — ふ 후 — ふ ふ ふ

へそ 배꼽 — へ 헤 — へ へ へ　길게

ほうき 빗자루 — ほ 호 — ほ ほ ほ

| と | と | ▶ 삐져나오면 안됩니다. |
|---|---|---|
| 토 (○) | (×) | |
| な | な | ▶ 「な」로 쓸 수는 있지만 옆의 글자는 잘못 쓴 글자입니다. |
| 나 (○) | (×) | |
| に | に | ▶ 보통 「に」처럼 떼어서 씁니다. |
| 니 (○) | (×) | |
| ほ | ほ | ▶ 위로 삐져나오면 안됩니다. |
| 호 (○) | (×) | |

**문1**　다음 빈칸에 들어갈 글자를 써 넣으세요.

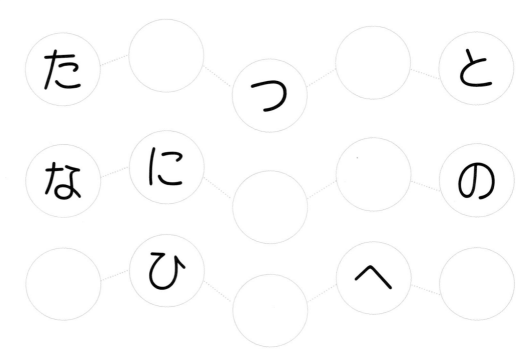

♡ 힌트 **は ち ふ ぬ て ね ほ**

**문2**　다음 빈칸에 들어갈 글자를 써 넣으세요.

〔타이〕 た（　） 　　〔하사미〕（　）さみ 　　〔후데바코〕ふでば（　）

〔노리〕（　）り 　　〔헤소〕（　）そ 　　〔누노〕（　）の

문3    다음 글자를 큰 소리로 읽어보세요.

① た　か　い ......... 높다

② ね　こ ......... 고양이

③ は　と ......... 비둘기

④ ち　ち ......... (우리) 아버지

⑤ は　は ......... (우리) 어머니

⑥ ひ　と　つ ......... 하나

⑦ ふ　た　つ ......... 둘

## ま행 글자 쓰기 연습 「まみむめも」 우리말의 「마미무메모」와 발음이 같다.

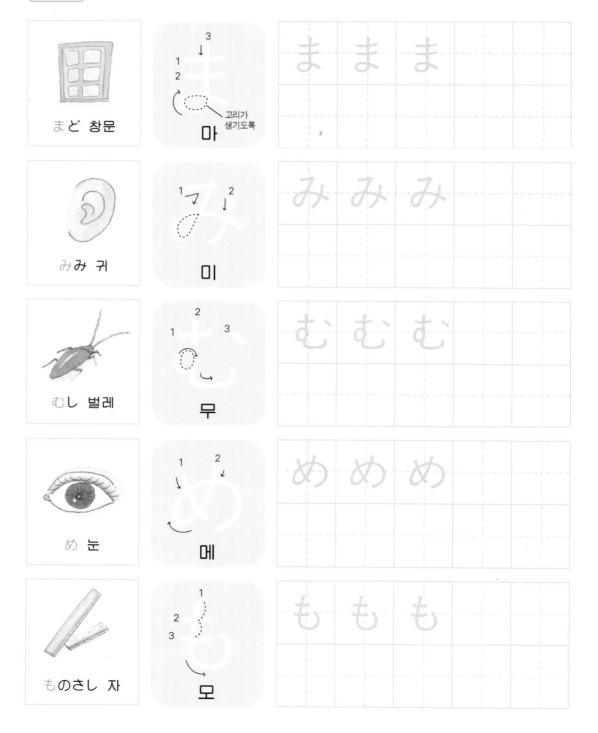

- まど 창문 / ま / 마
- みみ 귀 / み / 미
- むし 벌레 / む / 무
- め 눈 / め / 메
- ものさし 자 / も / 모

# や행 글자 쓰기 연습

「やゆよ」우리말의 「야유요」와 발음이 같다.

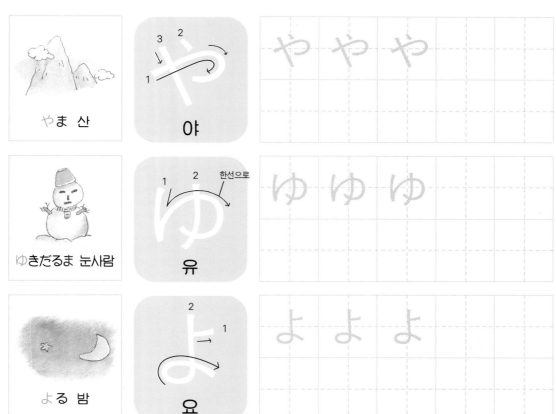

やま 산

ゆきだるま 눈사람

よる 밤

や 야

ゆ 유

よ 요

한선으로

や や や

ゆ ゆ ゆ

よ よ よ

▶ 모양이 비슷하여 틀리기 쉬운 글자

ぬ 누

ね 네

め 메

い 이

こ 코

# ら행 글자 쓰기 연습

「らりるれろ」「라리루레로」로 발음하면 된다. 영문으로 「ra ri ru re ro」처럼 표기하지만 혀를 굴려서 발음할 필요는 없다.

| | | |
|---|---|---|
| さくら | ら 라 | ら ら ら |
| りんご 사과 | り 리 | り り り |
| さる 원숭이 | る 루 | る る る |
| れっしゃ 열차 | れ 레 | れ れ れ |
| ろうか 복도 | ろ 로 | ろ ろ ろ |

# わ행 글자 쓰기 연습

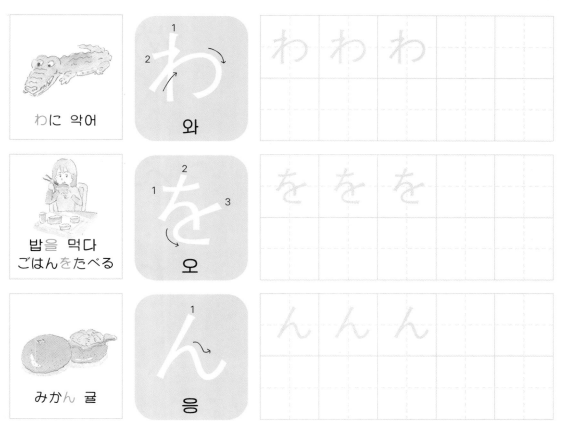

| | |
|---|---|
| わに 악어 | わ 와 |
| 밥을 먹다<br>ごはんをたべる | を 오 |
| みかん 귤 | ん 응 |

わ わ わ

を を を

ん ん ん

※ 「を」는 「~을/를」의 뜻으로 조사로만 쓰인다. 「ん」은 우
리말의 「ㄴ, ㅁ, ㅇ」에 해당하는 받침역할을 한다.

**문1** 다음 빈칸에 들어갈 글자를 써 넣으세요.

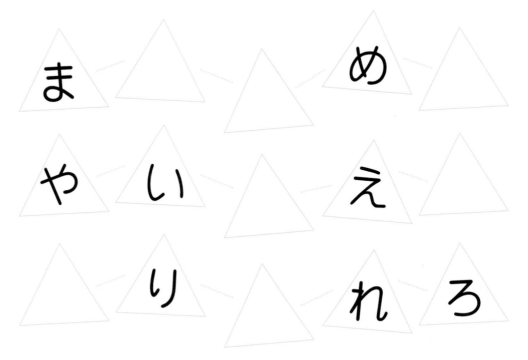

ま　　　　　　　　め

や　い　　　　え

り　　　　れ　ろ

☆ 힌트 や み む よ る ら も

**문2** 다음 빈칸에 들어갈 글자를 써 넣으세요.

〔마도〕　　　〔무시〕　　　〔유키다루마〕

(　)ど　　　(　)し　　　(　)きだ(　)ま

〔링고〕　　　〔사쿠라〕　　　〔사루〕

(　)んご　　　さく(　)　　　さ(　)

문3 다음 글자를 큰 소리로 읽어보세요.

① まめ ········· 콩

② みみ ········· 귀(耳)

③ やま ········· 산(山)

④ よる ········· 밤(晩)

⑤ もり ········· 숲

⑥ みなみ ········· 남, 남쪽

⑦ みかん ········· 밀감

## 탁음편

### が행 글자 쓰기 연습
글자 어깨에 탁점 「"」이 붙은 글자이다.

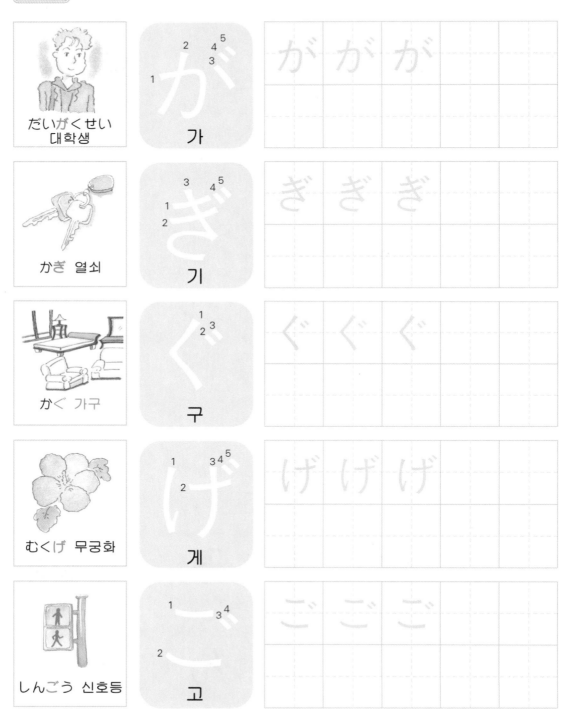

| 그림 | 쓰기 | 연습 |
|---|---|---|
| だいがくせい 대학생 | が 가 | が が が |
| かぎ 열쇠 | ぎ 기 | ぎ ぎ ぎ |
| かぐ 가구 | ぐ 구 | ぐ ぐ ぐ |
| むくげ 무궁화 | げ 게 | げ げ げ |
| しんごう 신호등 | ご 고 | ご ご ご |

# ざ행 글자 쓰기 연습

| 그림 | 글자 | 연습 |
|------|------|------|
| ざる 바구니 | ざ 자 | ざ ざ ざ |
| じしょ 사전 | じ 지 | じ じ じ |
| ちず 지도 | ず 즈 | ず ず ず |
| かぜ 감기 | ぜ 제 | ぜ ぜ ぜ |
| どうぞ (남에게 권할 때) | ぞ 조 | ぞ ぞ ぞ |

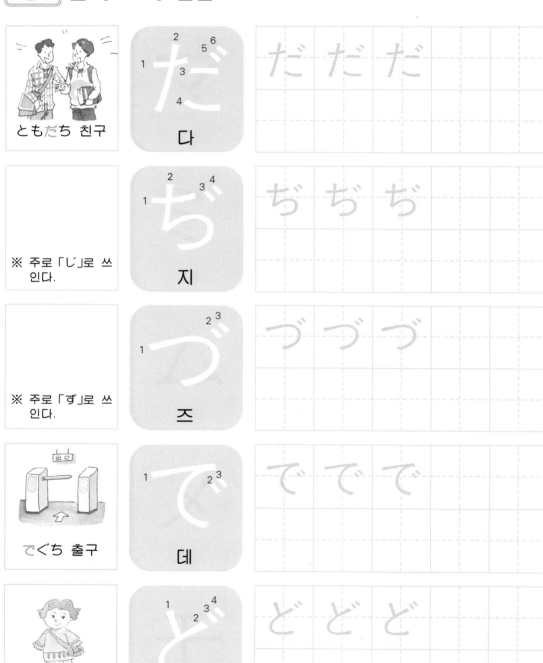

## だ행 글자 쓰기 연습

だ
다
ともだち 친구

だ だ だ

ぢ
지
※ 주로 「じ」로 쓰인다.

ぢ ぢ ぢ

づ
즈
※ 주로 「ず」로 쓰인다.

づ づ づ

で
데
でぐち 출구

で で で

ど
도
こども 어린이

ど ど ど

# ば행 글자 쓰기 연습

おばさん 아주머니

바

びょういん
미장원

비

ぶた 돼지

부

ごはんをたべる
밥을 먹다

베

ぼうし
모자

보

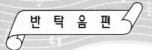

## ぱ행 글자 쓰기 연습

글자 어깨에 반탁점 「°」이 붙은 글자이다. 「ぱ・ぴ・ぷぺ・ぽ」 뿐이다.

しっぱい 실패

ぱ

빠

えんぴつ 연필

ぴ

삐

てんぷら 튀김

ぷ

뿌

がっぺい 합병

ぺ

뻬

しっぽ 꼬리

ぽ

뽀

## これ よめる?

일본 상품 광고입니다.
한번 읽어보세요.

## だんらん

**식빵이름.**

▷ 가족이 모여 먹는 화목한 식사, 그 단란한 풍경을 이미지한 이름.

## ほんだし

**조미료 이름.**

▷ 「だし」란 국물을 우려낸 것을 말한다. 흔히 멸치를 우려낸 국물을 '멸치 다싯물'이라고 하는데 '다싯물'이란 일본어와 우리말이 섞인 표현으로 '멸치국물'이라고 하는 것이 적당하겠다.

요음편

## 글자 쓰기 연습

〔i〕음이 나는 글자 「き・し・ち・に・ひ・み・り」 및 「ぎ・じ・び・ぴ」에 「や・ゆ・よ」를 작게 써서 붙인 글자이다. 발음은 한 박자로 한다.

**きゃ** 캬
きゃ　きゃ　きゃ

**きゅ** 큐
きゅ　きゅ　きゅ

**きょ** 쿄
きょ　きょ　きょ

**しゃ** 샤
しゃ　しゃ　しゃ

**しゅ** 슈
しゅ　しゅ　しゅ

**しょ** 쇼
しょ　しょ　しょ

| ちゃ 챠 | ちゃ | ちゃ | ちゃ | | | | |
|---|---|---|---|---|---|---|---|
| ちゅ 츄 | ちゅ | ちゅ | ちゅ | | | | |
| ちょ 쵸 | ちょ | ちょ | ちょ | | | | |
| にゃ 냐 | にゃ | にゃ | にゃ | | | | |
| にゅ 뉴 | にゅ | にゅ | にゅ | | | | |
| にょ 뇨 | にょ | にょ | にょ | | | | |

35

확인

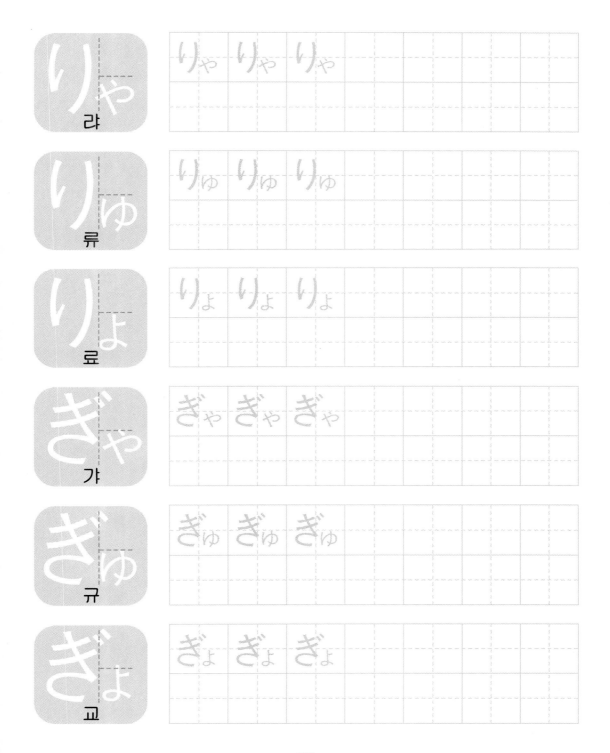

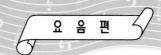

☆「ぢゃ・ぢゅ・ぢょ」는「じゃ・じゅ・じょ」와 발음이 같기 때문에 따로 쓰이지 않는다.

| じゃ 쟈 | じゃじゃじゃ |
| じゅ 쥬 | じゅじゅじゅ |
| じょ 죠 | じょじょじょ |
| びゃ 뱌 | びゃびゃびゃ |
| びゅ 뷰 | びゅびゅびゅ |
| びょ 뵤 | びょびょびょ |

ぴゃ
빠

ぴゃ ぴゃ ぴゃ

ぴゅ
쀼

ぴゅ ぴゅ ぴゅ

ぴょ
뾰

ぴょ ぴょ ぴょ

 これ よめる？

くっちゃえ

어묵 식품의 하나.
▷ '먹어버리자' 라는 이미지로 만든 이름.

문　다음 발음을 서로 비교해 보세요.

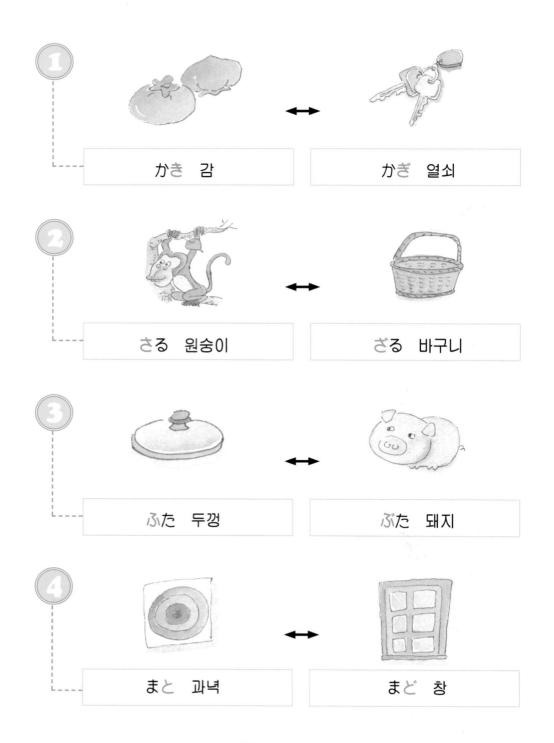

① かき 감 ↔ かぎ 열쇠

② さる 원숭이 ↔ ざる 바구니

③ ふた 두껑 ↔ ぶた 돼지

④ まと 과녁 ↔ まど 창

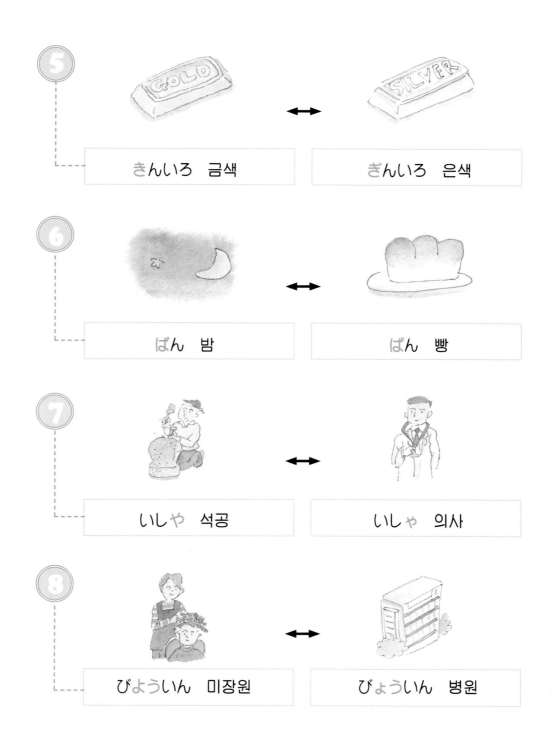

⑤ きんいろ 금색 ↔ ぎんいろ 은색

⑥ ばん 밤 ↔ ぱん 빵

⑦ いしや 석공 ↔ いしゃ 의사

⑧ びょういん 미장원 ↔ びょういん 병원

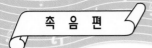

## 글자 쓰기 연습 「つ」를 작게 써서 우리말의 받침 「ㅅ, ㄷ, ㅈ, ㅊ」의 역할을 한다.

つ つ つ

きって 우표 — きって

いっかい 1층 — いっかい

きっさてん 커피숍 — きっさてん

확인

# 글자 쓰기 연습

발음을 길게 하는 것인데, 글자 하나의 박자(음값)를 살려 한 글자 만큼 길게 발음해야 한다.

おばあさん 할머니 — おばあさん

にんぎょう 인형 — にんぎょう

いいえ 아니오 — いいえ

とけい 시계 — とけい

こうこう 고등학교 — こうこう

**문1**   다음 발음을 서로 비교해 보세요.

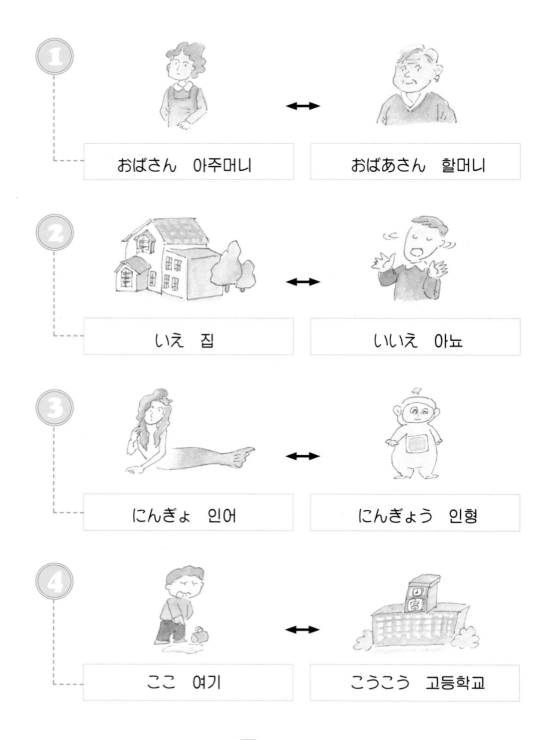

① おばさん  아주머니    ↔    おばあさん  할머니

② いえ  집    ↔    いいえ  아뇨

③ にんぎょ  인어    ↔    にんぎょう  인형

④ ここ  여기    ↔    こうこう  고등학교

★ 「ひ」와「し」, 「ん」발음의 유무, 「は」와「あ」발음은 들을 때 혼동하기 쉬운 발음이므로 주의가 필요하다.

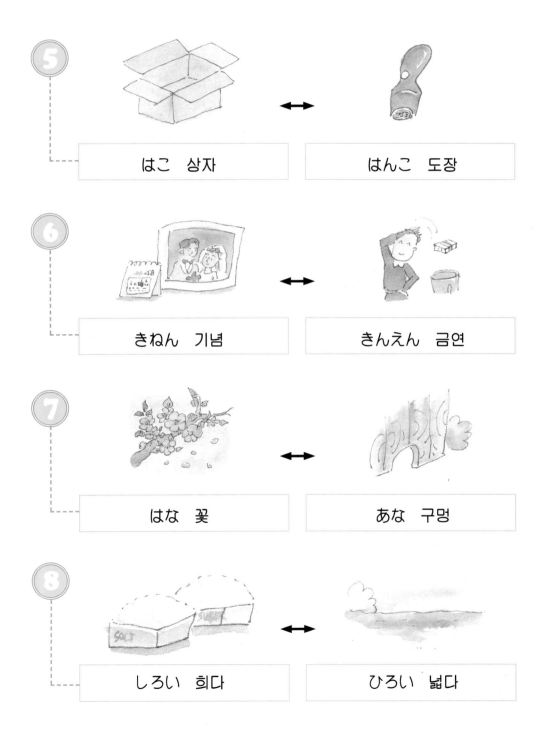

**5** はこ 상자 ↔ はんこ 도장

**6** きねん 기념 ↔ きんえん 금연

**7** はな 꽃 ↔ あな 구멍

**8** しろい 희다 ↔ ひろい 넓다

**문2** 다음 보기의 단어를 찾아 해당하는 글자를 지워보세요. 마지막으로 남는 글자는 어떤 글자일까요?

→ ☐ ☐ ☐ ☐

| | | | | |
|---|---|---|---|---|
| あ | い | う | え | お |
| か | き | く | け | こ |
| さ | し | す | せ | そ |
| た | ち | つ | て | と |
| な | に | ぬ | ね | の |
| は | ひ | ふ | へ | ほ |
| ま | み | む | め | も |
| や | ☆ | ゆ | ☆ | よ |
| ら | り | る | れ | ろ |
| わ | を | ん | | |

あり(개미)
 ふでばこ(필통)
 おに(도깨비)
 さる(원숭이)

 くつ(구두)
 せんせい(선생님)
 とけい(시계)
 ねこ(고양이)

 のり(김)
 へそ(배꼽)
 むし(벌레)
 やま(산)

 ゆきだるま(눈사람)
 て(손)
 はさみ(가위)
 すいえい(수영)

 わに(악어)
 め(눈)
 うさぎ(토끼)
 かぎ(열쇠)

 なし(배)
 ひも(끈)
 を(을,를)
 ほうき(빗자루)

 ものさし(자)
 ちず(지도)
 ぬの(천)
 さくら(벚꽃)

# ひらがな

※ 지금까지 익힌 히라가나를 얼마나 읽을 수 있는지 다음 문장을 읽어 보세요.

☞ 선생님이 발음하면 어떤 문장인지 찾아보게 해보세요.

## ① おはようございます。

"안녕하세요?" — 아침인사말이다. 문장의 마침표는 「。」로 표기한다.

## ② こんにちは。

"안녕하세요?" — 낮인사. '곤니치하'로 읽기 쉬우나 조사 「は」는 「와」로 발음한다.

## ③ こんばんは。

안녕하세요. - 저녁인사

## ④ じゃ、また。

그럼, 또. 오늘 헤어졌다가 내일 또 만날 사람에게는 하는 인사말. 아주 헤어지는 사람에게는 「さようなら」.

**⑤**

ちょっと まってください。

'잠깐 기다리십시오'의 뜻.

**⑥**

たってください。

'일어서세요'의 뜻. 「ください」는 단독으로 쓰면
'주세요'의 뜻이다.

**⑦**

すわってください。

'앉으세요.'의 뜻

**⑧**

ゆっくり はなしてください。

'천천히 말해 주세요.'의 뜻

これ よめる？

## うすやき

▷ 보통 빵보다 두께가 얇아서 붙여진 이름.

## つよいんぼう

▷ '파워스틱'이란 뜻으로, 철분, 칼슘이 듬뿍 들어있는 스낵빵 이름.

TSU・RE・TE・TTE

## つれてって

▷ 움직이는 대로 잘 따라 오는 신기능과 편리하고 귀여운 디자인에서 붙여진 이름. 뜻은 '데려가 줘!'

# 제 2 부

# カタカナ편

· 글자쓰기 연습

· 확인학습

· 응용문제

# 가타가나

☆ アイウエオ…カキクケコ의 순으로 읽어보자.

| **ア** [아] | **カ** [카] | **サ** [사] | **タ** [타] | **ナ** [나] |
|---|---|---|---|---|
| 아이스크림<br>アイスクリーム | カメラ 카메라 | サーカス 써커스 | タバコ 담배 | ナイフ 나이프 |
| **イ** [이] | **キ** [키] | **シ** [시] | **チ** [치] | **ニ** [니] |
| イギリス 영국 | キー 키 | シーソー 시소 | チーズ 치즈 | ソニー 소니 |
| **ウ** [우] | **ク** [쿠] | **ス** [스] | **ツ** [츠] | **ヌ** [누] |
| 위스키<br>ウイスキー | クッキー 쿠키 | スキー 스키 | ツアー 투어 | ヌード 누드 |
| **エ** [에] | **ケ** [케] | **セ** [세] | **テ** [테] | **ネ** [네] |
| 엘리베이터<br>エレベーター | ケーキ 케이크 | セール 세일 | テーブル 테이블 | ネクタイ 넥타이 |
| **オ** [오] | **コ** [코] | **ソ** [소] | **ト** [토] | **ノ** [노] |
| オルガン 오르간 | コーヒー 커피 | ソース 소스 | トースト 토스트 | ノート 노트 |

| ハ [하] | マ [마] | ヤ [야] | ラ [라] | ワ [와] |
|---|---|---|---|---|
| ハイキング 등산 | マイク 마이크 | ヤクルト 야구르트 | ラーメン 라면 | ワイン 와인 |
| ヒ [히] | ミ [미] | (イ) | リ [리] | (イ) |
| ヒール 힐 | ミイラ 미이라 | | リボン 리본 | (ウ) |
| フ [후] | ム [무] | ユ [유] | ル [루] | (エ) |
| フランス 프랑스 | ムード 무드 | ユーターン U턴 | ルビー 루비 | |
| ヘ [헤] | メ [메] | (エ) | レ [레] | ヲ [오] |
| ヘリコプター 헬리콥터 | メロン 멜론 | | レモン 레몬 | (거의 쓰이지 않음) |
| ホ [호] | モ [모] | ヨ [요] | ロ [로] | ン [응] |
| ホテル 호텔 | モデル 모델 | ヨット 요트 | ローマ 로마 | パン 빵 |

청 음 편

## ア행 글자 쓰기 연습
발음은 히라가나와 같다. 가타카나는 약간 각지게 쓰는 것이 요령이다. 장음은 「ー」로 표기한다.

아이스크림
アイスクリーム
ア 아 │ ア ア ア

イギリス 영국
イ 이 │ イ イ イ

위스키
ウイスキー
ウ 우 │ ウ ウ ウ

엘리베이터
エレベーター
エ 에 │ エ エ エ

オルガン 오르간
オ 오 │ オ オ オ

54

# カ행 글자 쓰기 연습

| 이미지 | 가나 | 쓰기 연습 |
|---|---|---|
| カメラ 카메라 | カ 카 | カ カ カ |
| キー 키 | キ 키 | キ キ キ |
| クッキー 쿠키 | ク 쿠 | ク ク ク |
| ケーキ 케이크 | ケ 케 | ケ ケ ケ |
| コーヒー 커피 | コ 코 | コ コ コ |

# サ행 글자 쓰기 연습

| | | | | | | |
|---|---|---|---|---|---|---|

サーカス 써커스 — サ 사

シーソー 시소 — シ 시

スキー 스키 — ス 스

セール 세일 — セ 세 (각지게)

ソース 소스 — ソ 소

# 夕행 글자 쓰기 연습

タバコ 담배
タ 타
タ タ タ

チーズ 치즈
チ 치
チ チ チ

ツアー 투어
ツ 츠
ツ ツ ツ

テーブル 테이블
テ 테
テ テ テ

トースト 토스트
ト 토
ト ト ト

**문1** 다음 빈칸에 들어갈 글자를 써 넣으세요.

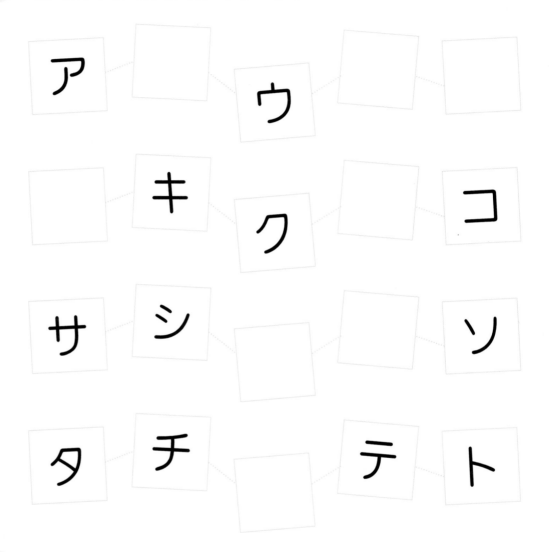

**문2** 다음 빈칸에 들어갈 글자를 써 넣으세요.

〔이기리스〕 〔코ー히ー〕 〔세ー루〕

イギリ（ 　） （ 　）ーヒー 　　（ 　）ール

문3 장음 발음에 유의하면서 다음 글자를 읽어보세요.

① スイス

② ギター

③ ケーキ

④ スキー

⑤ トースト

⑥ ソース

⑦ ツアー

⑧ チーズ

☆ 힌트 스위스 기타 케이크 스키 토스트 소스 투어 치즈
☞ 같은 외래어라도 발음이 약간씩 다르므로 발음에 주의해야 한다.

## ナ행 글자 쓰기 연습

| ナイフ 나이프 | ナ 나 | ナ ナ ナ |
| ソニー 소니 | ニ 니 | ニ ニ ニ |
| ヌード 누드 | ヌ 누 | ヌ ヌ ヌ |
| ネクタイ 넥타이 | ネ 네 | ネ ネ ネ |
| ノート 노트 | ノ 노 | ノ ノ ノ |

# 八행 글자 쓰기 연습

 ハイキング 등산

 하

 ヒール 힐

 히

 フランス 프랑스

 후

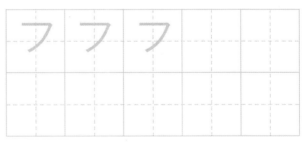

 ヘリコプター 헬리콥터

 헤

 ホテル 호텔

 호

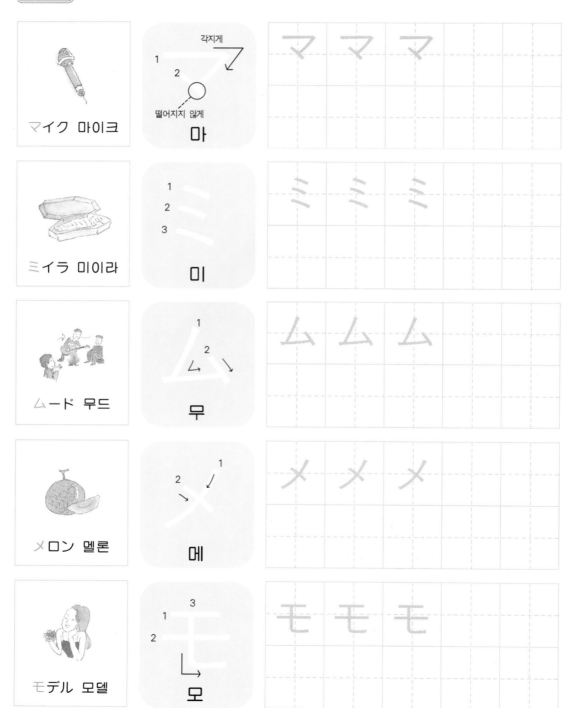

マ행 글자 쓰기 연습

マイク 마이크

각지게

1
2

떨어지지 않게

마

マ　マ　マ

ミイラ 미이라

1
2
3

미

ミ　ミ　ミ

ムード 무드

1
2

무

ム　ム　ム

メロン 멜론

1
2

에

メ　メ　メ

モデル 모델

3
1
2

모

モ　モ　モ

# ヤ행 글자 쓰기 연습

ヤクルト 야구르트

야

ユーターン U턴

유

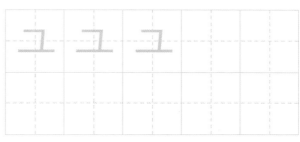

ヨット 요트

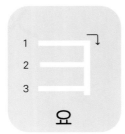

요

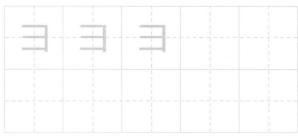

▶ 모양이 비슷하여 틀리기 쉬운 글자

아

마

무

누

네

**문1**　다음 빈칸에 들어갈 글자를 써 넣으세요.

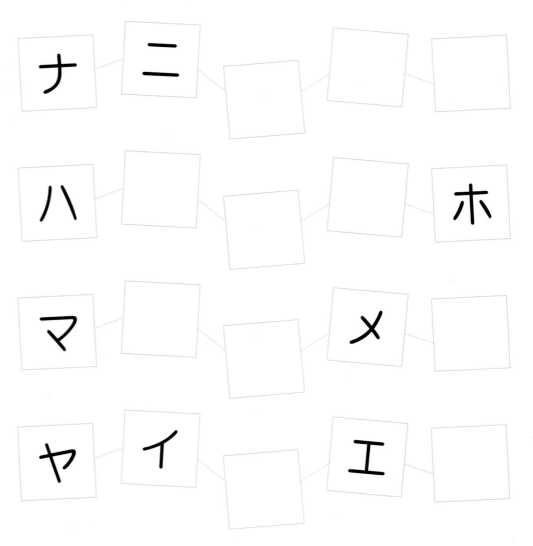

**문2**　다음 빈칸에 들어갈 글자를 써 넣으세요.

〔후랑스〕　　　　　　〔호테루〕　　　　　　〔모데루〕

フ（　）ンス　　ホテ（　）　　（　）デル

확인

문3  장음 발음에 유의하면서 다음 글자를 읽어보세요.

1  ソニー

2  ノート

3  マイク

4  ナイフ

5  ヌード

6  ネクタイ

7  ムード

8  トマト

☆ 힌트 소니 노트 마이크 나이프 누드 넥타이 무드 토마토

65

## ラ행 글자 쓰기 연습

ラーメン 라면
ラ
라

리본 리본
リ
리

ルビー 루비
ル
루

レモン 레몬
レ
레

ローマ 로마
ロ
로

# ワ행 글자 쓰기 연습

ワイン 와인

와

ワ ワ ワ ワ ワ

＊「ヲ」는 현대어에서는 잘 쓰이지 않는다.

오

ヲ ヲ ヲ ヲ ヲ

パン 빵

응

ン ン ン ン ン

▶ 모양이 비슷하여 틀리기 쉬운 글자

시 · 미 · 츠 · 소 (위에서 아래로) · 응 (아래에서 위로)

**문1** 다음 빈칸에 들어갈 글자를 써 넣으세요.

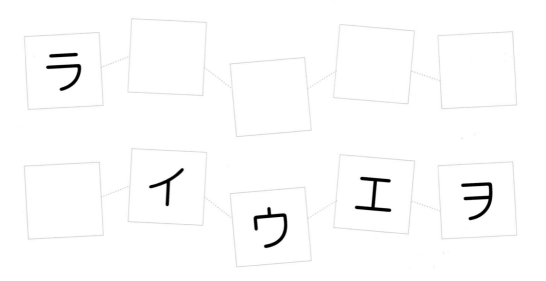

**문2** 다음 글자의 발음을 비교해 보세요.

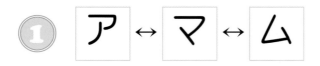

① ア ↔ マ ↔ ム

② ヌ ↔ ネ

③ シ ↔ ツ

④ ソ ↔ ン

문3　장음 발음에 유의하면서 다음 글자를 읽어보세요.

| | | |
|---|---|---|
| 1 | | カメラ |
| 2 | | メロン |
| 3 | | ヤクルト |
| 4 | | ヒール |
| 5 | | フランス |
| 6 | | ホテル |
| 7 | | テーブル |
| 8 | | ラーメン |

☆ 힌트 카메라 멜론 야구르트 힐 프랑스 호텔 테이블 라면

탁음편

## ガ행 글자 쓰기 연습 글자 어깨에 탁점 「 ゛」이 붙은 글자이다.

| 그림 | 쓰기순서 | 연습 |
|------|---------|------|
| オルガン 오르간 | ガ 가 (2 3 4 / 1) | ガ ガ ガ |
| ギター 기타 | ギ 기 (3 4 5 / 1 / 2) | ギ ギ ギ |
| ハイキング 등산 | グ 구 (1 3 4 / 2) | グ グ グ |
| ゲーム 게임 | ゲ 게 (4 5 / 1 2 / 3) | ゲ ゲ ゲ |
| けしゴム 지우개 <br> 히라가나 | ゴ 고 (3 4 / 1 / 2) | ゴ ゴ ゴ |

# ザ행 글자 쓰기 연습

ピザ 피자

ザ 자

ザ ザ ザ

マッサージ 맛사지

ジ 지

ジ ジ ジ

チーズ 치즈

ズ 즈

ズ ズ ズ

ゼロ 제로

ゼ 제

ゼ ゼ ゼ

オゾン 오존

ゾ 조

ゾ ゾ ゾ

ダ행 **글자 쓰기 연습** 「ヂ」「ヅ」는 「ジ」「ズ」와 발음이 같으므로 보통 「ジ」「ズ」로 표기한다.

サラダ 샐러드

ダ 다 | ダ ダ ダ

※ 발음이 같으므로 주로 「ジ」로 쓰임

ヂ 지 | ヂ ヂ ヂ

※ 발음이 같으므로 주로 「ズ」로 쓰임

ヅ 즈 | ヅ ヅ ヅ

モデル 모델

デ 데 | デ デ デ

ムード 무드

ド 도 | ド ド ド

# バ행 글자 쓰기 연습

タバコ 담배

바

ルビー 루비

비

テーブル 테이블

부

ベルト 벨트

베

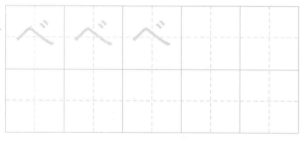

リボン 리본

보

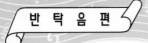

カタカナ

반탁음편

パ행 글자 쓰기 연습 글자 어깨에 반탁점「°」이 붙은 글자이다. 「パ ピ プ ペ ポ」뿐이다.

74

これ よめる**?**

フルグル

캔디 이름

カラムーチョ

포테이토칩 이름

チャルメラ

라면 이름

ビタミンレモン

비타민이 들어있는 음료

ミルケット

우유병 가방

ペンペコ

어린이용 음료

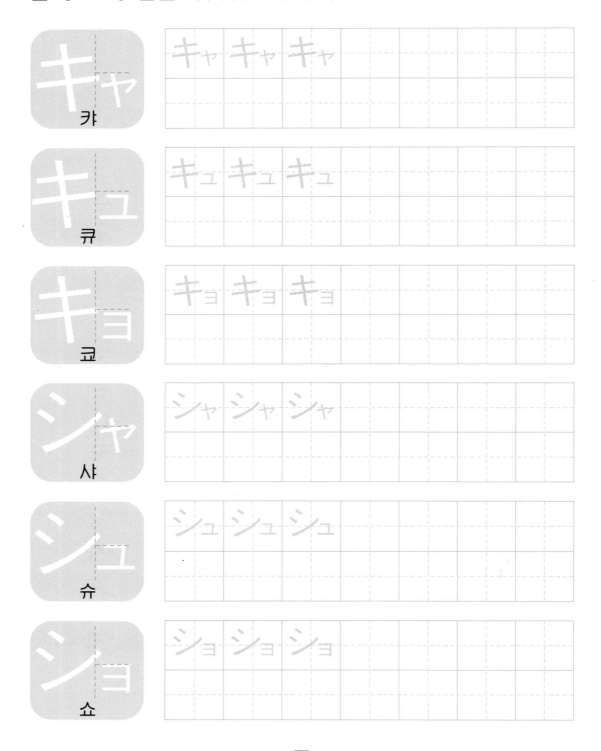

## 글자 쓰기 연습 [i]음이 나는 글자 「キ シ チ ニ ヒ ミ リ」 및 「ギ ジ ビ ピ」에 「ヤ ユ ヨ」를 작게 써서 붙인 글자이다. 발음은 한 박자로 한다.

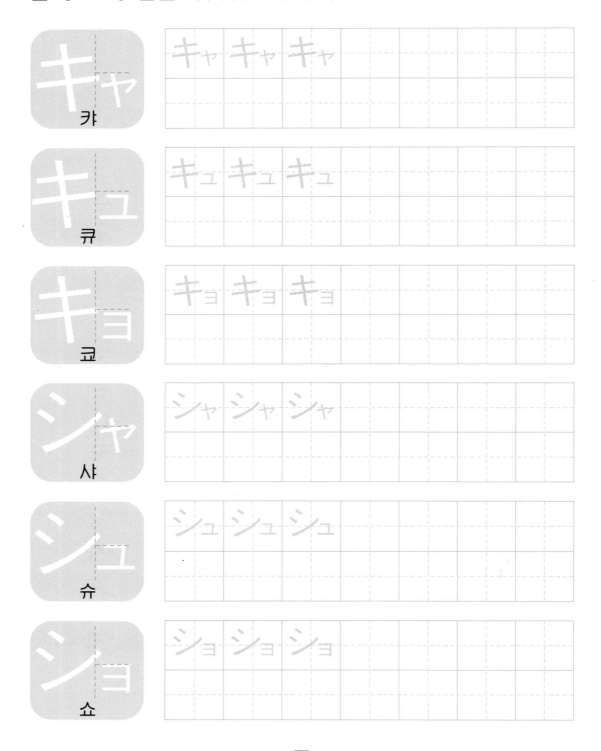

# 글자 쓰기 연습

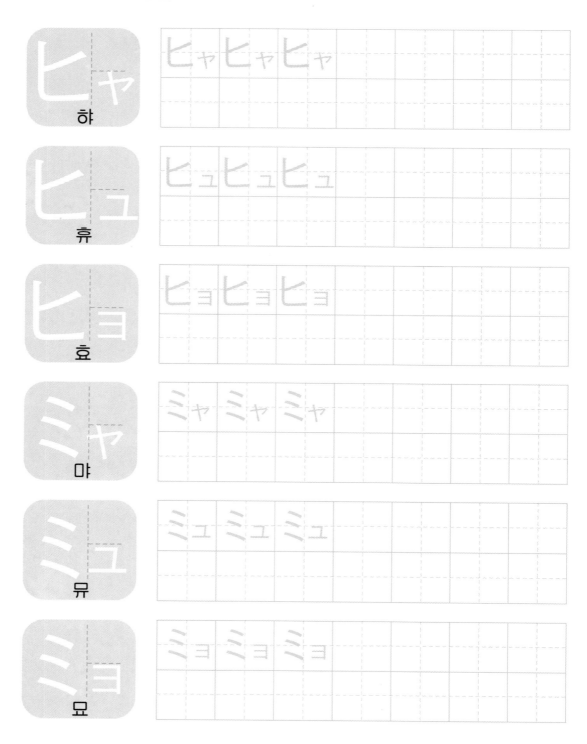

| ヒャ<br>하 | ヒャ ヒャ ヒャ | | | | | | |

| ヒュ<br>휴 | ヒュ ヒュ ヒュ | | | | | | |

| ヒョ<br>효 | ヒョ ヒョ ヒョ | | | | | | |

| ミャ<br>먀 | ミャ ミャ ミャ | | | | | | |

| ミュ<br>뮤 | ミュ ミュ ミュ | | | | | | |

| ミョ<br>묘 | ミョ ミョ ミョ | | | | | | |

リャ
랴

リャ リャ リャ

リュ
류

リュ リュ リュ

リョ
료

リョ リョ リョ

ギャ
갸

ギャ ギャ ギャ

ギュ
규

ギュ ギュ ギュ

ギョ
교

ギョ ギョ ギョ

## 글자 쓰기 연습 「ちゃ ちゅ ちょ는「じゃ じゅ じょ」와 발음이 같기 때문에 따로 쓰이지 않는다.

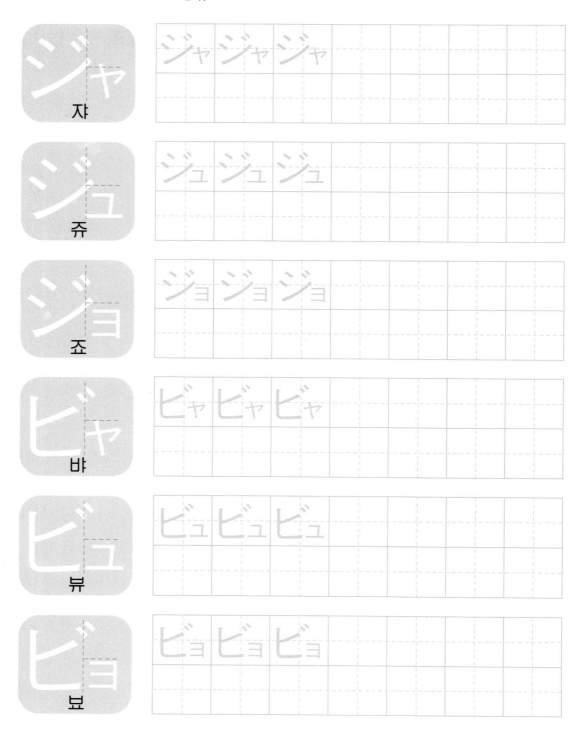

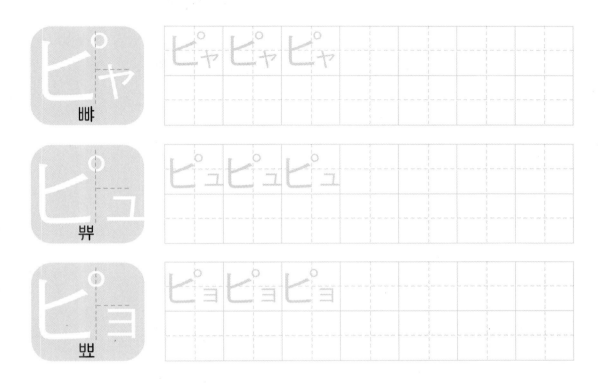

## ピャ
빠

ピャ ピャ ピャ

## ピュ
뿨

ピュ ピュ ピュ

## ピョ
뽀

ピョ ピョ ピョ

---

🐻 **하나만 더 알아 둡시다!**

가타가나는 주로·외래어를 표기할 때 쓰기 때문에 외래어 발음에 가깝게 하기 위해 「ヤ・ユ・ヨ」뿐만 아니라 모음 「ア・イ・ウ・エ・オ」를 요음처럼 작게 써서 표기하는 경우도 있다.

| 팩스 | → | ファックス | 〔확쿠스〕 |
| 위스키 | → | ウィスキー | 〔우이스키ー〕 |
| 멜로디 | → | メロディー | 〔메로디ー〕 |
| 체인지 | → | チェンジ | 〔첸지〕 |
| 원(₩) | → | ウォン | 〔원〕 |

※ 위스키는 「ウイスキー」로 표기하기도 한다.

## 글자 쓰기 연습
히라가나와 마찬가지로 「ッ」를 작게 써서 우리말의 받침 「ㅅ,ㄷ,ㅈ,ㅊ」의 역할을 한다.

ツ

クッキー 쿠키

マッサージ 맛사지

ヨット 요트

확인

# 글자 쓰기 연습

가타카나의 장음은 「ー」로 표기한다. 장음도 글자 하나의 박자를 가지므로 한 박자 길이만큼 충분히 길게 발음해야 한다.

ユーターン 유턴

テーブル 테이블

セール 세일

 これ よめる?

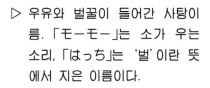

モーモーはっち

▷ 우유와 벌꿀이 들어간 사탕이름. 「モーモー」는 소가 우는 소리, 「はっち」는 '벌'이란 뜻에서 지은 이름이다.

**문1** 다음 빈칸에 들어갈 글자를 보기에서 골라 써 넣으세요.

보기　キ　ス　ヒ　レ　ン　ハ　タ　ガ　ム　イ　ー

**①** 　ア　□　□　ク　リ　ー　□

**②** 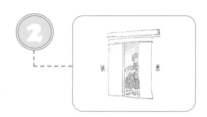　エ　□　ベ　ー　□　ー

**③** 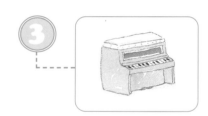　オ　ル　□　□

**④** 　コ　ー　□　ー

**⑤** 　ケ　□　□

문2　다음 빈칸에 들어갈 글자를 보기에서 골라 써 넣으세요.

| 보기 | コ | ク | サ | ホ | ロ | ン |
|------|----|----|----|----|----|----|

**6** ☐ ー カ ス

**7** タ バ ☐

**8** ネ ☐ タ イ

**9** ☐ テ ル

**10** メ ☐ ☐

확
인

**문1** 다음 빈칸에 각각 짝을 이루는 히라가나 또는 가타가나를 써 넣으세요.

**①**

| | |
|---|---|
| あ | ア |
| い | |
| う | ウ |
| え | |
| お | オ |

**②**

| | |
|---|---|
| か | カ |
| き | |
| く | ク |
| け | ケ |
| こ | |

**③**

| | |
|---|---|
| さ | |
| | シ |
| | ス |
| せ | |
| そ | |

**④**

| | |
|---|---|
| た | タ |
| ち | |
| | ッ |
| | テ |
| と | |

**⑤**

| | |
|---|---|
| な | |
| に | |
| | ネ |
| の | |

**⑥**

| | |
|---|---|
| は | |
| ひ | |
| | フ |
| へ | |
| ほ | |

**⑦**

| | |
|---|---|
| | マ |
| み | |
| む | |
| | メ |
| | モ |

**⑧**

| | |
|---|---|
| や | |
| い | イ |
| え | エ |

**⑨**

| | |
|---|---|
| ら | |
| | リ |
| る | |
| | レ |
| ろ | |

문2 다음 단어 중에 잘못 표기된 글자가 하나씩 들어 있습니다. 히라가나는 가타
가타로 가타가나는 히라가나로 바꾸어 써 보세요.

**1**
アリ
ア → あ

**2**
うさぎ
◯ → ◯

**3**
カばん
◯ → ◯

**4**
しんごウ
◯ → ◯

**5**
ツくえ
◯ → ◯

**6**
とけイ
◯ → ◯

**7**
ねコ
◯ → ◯

**8**
ヤま
◯ → ◯

**9**
よル
◯ → ◯

**11** アイすクリーム ○ → ○

**12** オルガん ○ → ○

**13** カメら ○ → ○

**14** こーヒー ○ → ○

**15** テーぶル ○ → ○

**16** ねクタイ ○ → ○

**17** のート ○ → ○

**18** ほテル ○ → ○

**19** フランす ○ → ○

**문4**    어떤 뜻일까요? 해당하는 영어와 선으로 연결하세요.

☞ 같은 외래어라도 일본식 발음은 우리말과 많은 차이가 납니다. 어떻게 다른지 비교
하면서 읽어보세요.

**1**  デパート            ·            ·  meter(미터)

**2**  デジタル            ·            ·  department store(백화점)

**3**  メートル            ·            ·  internet(인터넷)

**4**  デザイン            ·            ·  tunnel(터널)

**5**  ビジネス            ·            ·  digital(디지털)

**6**  インターネット      ·            ·  salaried man(샐러리맨)

**7**  トンネル            ·            ·  computer(컴퓨터)

**8**  サラリーマン        ·            ·  design(디자인)

**9**  コンピューター      ·            ·  business(비즈니스)

**10**  イーメール          ·            ·  e-mail(이메일-전자우편)

문5 다음은 국가 및 도시명입니다. 해당하는 것끼리 선으로 이으세요.

| | | | |
|---|---|---|---|
| ① | アメリカ | ・    ・ | 베트남 |
| ② | ソウル | ・    ・ | 독일 |
| ③ | シンガポール | ・    ・ | 미국 |
| ④ | トルコ | ・    ・ | 영국 |
| ⑤ | イギリス | ・    ・ | 프랑스 |
| ⑥ | シドニー | ・    ・ | 서울 |
| ⑦ | ベトナム | ・    ・ | 터키 |
| ⑧ | フランス | ・    ・ | 싱가포르 |
| ⑨ | ドイツ | ・    ・ | 스위스 |
| ⑩ | スイス | ・    ・ | 시드니 |

## 제 3 부

# 발 전 편

일본어 발음을 할 때 특히 유의해서 발음해야
하는 것들을 모아보았습니다.
청음이나 탁음, 장음, 요음, 촉음, 「ん」발음에
유의하면서 연습해 보세요.

▶ **다음 단어를 비교하면서 연습해 보세요.**

**①** びょういん （미장원） ↔ びょういん （병원）

**②** きやく （기약） ↔ きゃく （손님）

**③** ひよう （비용） ↔ ひょう （우박）

**④** じゆう （자유） ↔ じゅう （십）

**⑤** ろっぱく （육박） ↔ ろっぴゃく （육백）

**⑥** ゆうそう （우송） ↔ ゆうしょう （우승）

**⑦** ちょうさ （조사） ↔ ちょうしゃ （청사）

확
인

▶ 「ん」은  우리말의 「ㄴ/ㅁ/ㅇ」 받침과 같은 역할을 하는데, 이 음은 뒤에 오는 음에 따라 발음이 조금씩 달라진다.

① /m/으로 발음되는 경우

「ん」 뒤에 「ま/ば/ぱ」행이 올 때 ┄→ 「ㅁ」

예 さんぽ〔sammpo〕 산보     しんぴ〔shimpi〕 신비

② /n/으로 발음되는 경우

「ん」 뒤에 「さ/ざ/た/だ/な/ら」행이 올 때 ┄→ 「ㄴ」

예 はんたい〔hantai〕 반대     あんない〔annai〕 안내

③ /ŋ/으로 발음되는 경우

「ん」 뒤에 「か/が」행이 올 때 ┄→ 「ㅇ」

예 ぎんか〔giŋka〕 은화        でんき〔teŋki〕 전기

④ /N/으로 발음되는 경우 ( /n/과 /ŋ/의 중간발음 )

「ん」 뒤에 「あ/は/や/わ」행이 올 때나 문장 맨 끝에 올 때

예 ほん〔hoN〕 책             にほん〔ninoN〕 일본

▶ **발음 연습**

① はこ(상자)          ↔          はんこ(도장)

② きねん(기념)         ↔          きんえん(금연)

③ しあい(시합)         ↔          しんあい(친애)

④ かじ(화재)          ↔          かんじ(한자)

⑤ ぶか(부하)          ↔          ぶんか(문화)

☆ 촉음도 한 박자의 음값을 가지므로 너무 짧지 않게 발음한다. 발음 특성상 촉음 뒤에 오는 발음을 약간 강하게 발음하는 경향이 있다.

▶ **발음연습 1    큰 소리로 읽어 보세요.**

| | | |
|---|---|---|
| こっか(국가) | がっこう(학교) | じっけん(실험) |
| きって(우표) | ねったい(열대) | いっち(일치) |
| みっつ(세 개) | きっぷ(표) | ちょっと(잠깐, 조금) |

▶ **발음연습 2    다음 발음을 서로 비교하면서 큰 소리로 읽어보세요,**

**1**  さか(언덕)  ↔  さっか(작가)

**2**  いち(일)  ↔  いっち(일치)

**3**  うた(노래)  ↔  うった(팔았다)

**4**  こきょう(고향)  ↔  こっきょう(국경)

**5**  さとう(설탕)  ↔  さっとう(쇄도)

**6**  おと(소리)  ↔  おっと(남편)

## 청음과 탁음

우리나라 사람이 특히 구별하기 어려운 발음이다. 발음의 차이를
분명히 익혀두자.

**1**　からす(까마귀)　↔　ガラス(유리)

**2**　きり(안개)　↔　ぎり(의리)

**3**　クラス(반, 클래스)　↔　グラス(유리컵, 클래스)

**4**　こま(팽이)　↔　ごま(깨)

**5**　しかく(자격)　↔　じかく(자각)

**6**　せんぶ(천부:千部)　↔　ぜんぶ(전부)

## つ와 す의 혼동

「つ」와 「す」 발음은 흔히 혼동하기 쉬운 발음이다.

1. する(하다) ↔ つる(낚시하다)

2. すみ(숯) ↔ つみ(죄)

3. すいか(수박) ↔ ついか(추가)

4. すうがく(수학) ↔ つうがく(통학)

5. バス(버스) ↔ ばつ(벌)

## ざ와じゃ의 혼동

이 음은 우리나라 사람이 가장 혼동하기 쉬운 발음이다. 왜냐하면 우리말에는 「ざ・ず・ぜ・ぞ」와 같은 발음이 없기 때문이다. 물론 「자・즈・제・조」와 비슷하지만 「じゃ/じゅ/じょ」발음과 구분하기란 쉽지 않으므로 여러번 말하고 듣고 하여 익숙해지도록 하자.

**(1)** ふぞく (부족)　↔　ぶじょく (모욕)

**(2)** ぞうか (증가)　↔　じょうか (정화, 浄化)

**(3)** ぞうきん (걸레)　↔　じょうきん (상근, 常勤)

**(4)** ゼット (제트)　⇔　ジェットき (제트기)

**(5)** ざっし (잡지)　↔　じゃっし (없는 말)

**(6)** ズボン (바지)　↔　ジュボン (없는 말)

**엄청 쉽고 무지 재미있는 일본어 글자쓰기**

초판발행 / 2000년 6월 25일

8쇄발행 / 2008년 3월 25일

발행인 / 이기선

발행처 / 제이플러스

121-826 서울시 마포구 망원2동 467-30

영업부 02-332-8320 편집부 02-3142-2520

홈페이지 / www.jplus114.com

등록번호 / 제 10-1680호

등록일자 / 1998년 12월 9일

ISBN 89-88701-13-5

값 4,500원

© Jplus 2000

No.＿＿＿＿＿＿

(16×19)

(16×19)